# BEI GRIN MACHT SICH IHR WISSEN BEZAHLT

- Wir veröffentlichen Ihre Hausarbeit,
  Bachelor- und Masterarbeit

- Ihr eigenes eBook und Buch -
  weltweit in allen wichtigen Shops

- Verdienen Sie an jedem Verkauf

Jetzt bei www.GRIN.com hochladen
und kostenlos publizieren

Nicolai Müller

# „Putin – Träger des Rechtsstaates oder Autokrat"

GRIN Verlag

**Bibliografische Information der Deutschen Nationalbibliothek:**

Die Deutsche Bibliothek verzeichnet diese Publikation in der Deutschen National-
bibliografie; detaillierte bibliografische Daten sind im Internet über http://dnb.d-
nb.de/ abrufbar.

**Impressum:**

Copyright © 2012 GRIN Verlag GmbH
Druck und Bindung: Books on Demand GmbH, Norderstedt Germany
ISBN: 978-3-656-52910-1

**Dieses Buch bei GRIN:**

http://www.grin.com/de/e-book/263829/putin-traeger-des-rechtsstaates-oder-
autokrat

**GRIN - Your knowledge has value**

Der GRIN Verlag publiziert seit 1998 wissenschaftliche Arbeiten von Studenten, Hochschullehrern und anderen Akademikern als eBook und gedrucktes Buch. Die Verlagswebsite www.grin.com ist die ideale Plattform zur Veröffentlichung von Hausarbeiten, Abschlussarbeiten, wissenschaftlichen Aufsätzen, Dissertationen und Fachbüchern.

**Besuchen Sie uns im Internet:**

http://www.grin.com/

http://www.facebook.com/grincom

http://www.twitter.com/grin_com

**Vorwort**


Als ich das Thema „Putin – Träger des Rechtsstaates oder Autokrat?" von meiner Tutorin Frau Dr. Mäckel zur Bearbeitung meiner Facharbeit gestellt bekam, konnte ich mich zuerst nicht mit der Aufgabe "Putin und sein System" identifizieren. Zweifel bezüglich der erfolgreichen Bewältigung machten sich bemerkbar. Nach kurzer Zeit des Lesens und des Recherchierens wurde mein Interesse aber immer größer und die Arbeit fiel mir leichter. Da das Thema Russland auch in den Nachrichten aktuell ist, konnte ich einen immer besseren Bezug zu meiner Arbeit herstellen. Nachdem meine bestellten Bücher und mein Material in Form von Internetquellen sorgfältig ausgewertet waren, versuchte ich das Wichtigste in einem für den Leser hoffentlich verständlichen und nachvollziehbaren Text zusammenzufassen. Im Nachhinein bin ich sehr dankbar für das mir gestellte Thema, da auch ich selber bezüglich der Einteilung und der sinnvollen Nutzung meiner verfügbaren Zeit, meines Wissens über ein anderes politisches System und der Strukturierung einer umfassenden Arbeit viel Lernen konnte.

      Ich wünsche allen Lesern viel Spaß.

# Inhaltsverzeichnis

# 1. Einleitung

- Putin – Träger des Rechtsstaates oder Autokrat? -

"Gelenkte Demokratie", Demokratie, oder doch Autokratie? Das System Putin ist vielschichtig. In den russischen Medien als fürsorglicher Führer, sogar als Held gefeiert, werden ihm aus der westlichen Welt Wahlmanipulation und Menschenrechtsverletzungen vorgeworfen. Einerseits gab es in der Vergangenheit immer wieder Äußerungen und Handlungen von Seiten Putins, welche auf Bemühungen bezüglich einer Demokratie beziehungsweise eines Rechtsstaates hinweisen. Andererseits werden diese Hoffnungen und Lichtblicke auf einen Rechtsstaat immer wieder durch die Politik des aktuellen russischen Präsidenten zerstört. Putin befindet sich zur Zeit in seiner dritten Periode als Präsident der russischen Föderation. Des Weiteren hatte er zwei mal das Amt des russischen Premierministers inne. Außerdem arbeitete er in der Vergangenheit für den KGB. Die Meinungen zu Putin und seiner politischen Gesinnung sind gespalten und vielfach diskutiert. Im Folgenden setze ich selbst mich mit der Frage nach Wladimir Wladimirowitsch Putins politischer Ausrichtung differenziert auseinander und ziehe am Ende ein Fazit zum Leitthema „Putin – Träger des Rechtsstaates oder Autokrat?" .

## 2.1 Definition – Rechtsstaat und Autokratie

Um das Thema zu beginnen möchte ich die beiden Systemtypen Rechtsstaat und Autokratie vorstellen, um einen groben Überblick zu bekommen: Das Wort Autokratie kommt aus dem Griechischen und bedeutet Alleinherrschaft.In der **Autokratie** regiert eine einzelne Person oder eine Gruppe. Alle politischen Kompetenzen und somit auch die Gewalten des Staates sind auf den Einzelnen oder die Gruppe konzentriert. Entscheidungen werden dadurch nur nach dem Willen des Alleinherrschers oder der herrschenden Gruppe getroffen. Des Weiteren ist er komplett unabhängig, wodurch er oder sie sich vor niemandem verantworten muss. Auch liegt bei dieser Staatsform oft eine Selbstverherrlichung des Herrschers vor. Willkür und Unterdrückung des Volkes sind wesentliche Merkmale. Der **Rechtsstaat** ist auf Rechten aufgebaut, d.h. jede Person hat gleiche Rechte,welche durch unabhängige Instanzen gehütet werden. Der Schutz des Bürgers vor dem Staat ist wesentlich. Daher müssen alle politischen

Vorgänge rechtlich fundiert sein. Dies geschieht meistens durch eine Verfassung. Der Rechtsstaat basiert auf dem Prinzip der Gewaltenteilung. Außerdem sind Meinungs- und Parteipluralismus sehr wichtig.

## 2.2 Meinungs- und Pressefreiheit

Die Einschränkung der Meinungsfreiheit ist im System Putin ein wesentlicher Bestandteil. Zu Beginn seines Amtsantrittes als Präsident der russischen Föderation bemühte sich der russische Regierungschef um eine möglichst weitreichende Kontrolle der Medien. Ziel war und ist es, öffentliche Kritik zu vermeiden und somit eine Gefährdung des Systems auszuschließen. Sofort begann fast willkürlich die Auflösung bestehender Medien. Mehrere Kanäle wurden geschlossen, andere wurden von der Regierung selbst, oder von regierungstreuen Unternehmen aufgekauft. So gewährleistete er „seine Kontrolle der staatlichen und halbstaatlichen Medien"[1]. Diese Medien werden gezielt so zensiert und manipuliert, dass „die Bedürfnisse des Volkes [befriedigt], für Ordnung [gesorgt wird] und das Gefühl von Sicherheit und Stabilität [garantiert wird]"[2]. Folglich dienen sie als ein perfektes Instrument zur Massen-desinformation. Darunter fallen die Kontrolle anderer Präsidentschaftskandidaten und alternativer Parteien, sowie die Verherrlichung des russischen Machthabers. Das im Sommer 2006 verschärfte „Extremismus-Etikett"[3] belegt weiterhin, in welche Gefahr sich Journalisten im Falle der Kritik am russischen Staatschef oder am Regime, begeben. Sätze wie „Anna Politkowskaja, eine bekannte Journalistin der regierungskritischen Nowaja Gaseta […] musste am 7. Oktober 2006 ihr Heldentum mit dem Leben bezahlen"[4] oder „Schtschekotischichin […] , der bereits in der Sowjetzeit den Ruf eines kritischen Reporters erworben hatte. […] Kurz nach seiner Rückkehr aus Rjasan starb Schtschekotischichin eines ungeklärten plötzlichen Todes"[5] verweisen klar auf die Zensur der Journalisten, welche bis zu dem Verlust ihres Lebens reichen kann. Des Weiteren werden die Medien massiv zur Propaganda eingesetzt.

---

[1] Vgl. Seibel, Andrea; Mülherr,Silke (2012): Putin verdrängt alle, die gefährlich werden könnten. S. 1 f. .
[2] Vgl. Kornyeyeva, Lena (2009): Putins Reich. Neostalinismus auf Verlangen des Volkes. S. 41.
[3] Vgl. Kornyeyeva, Lena (2009): Putins Reich. Neostalinismus auf Verlangen des Volkes. S. 16.
[4] Vgl. Mommsen, Margareta; Nußberger, Angelika (2007): Das System Putin. Gelenkte Demokratie und politische Justiz in Russland. S. 51 f. .
[5] Vgl. Mommsen, Margareta; Nußberger, Angelika (2007): Das System Putin. Gelenkte Demokratie und politische Justiz in Russland. S. 52.

So werden „die Inszenierung von Herrschaft und eine positive Imagebildung"[6] genutzt, um das Volk gezielt in ihrem Wahlverhalten zu beeinflussen. Durch Putins Umgang mit den Medien wird deutlich, dass eine freie Meinungsäußerung, Kritik und somit eine Gefährdung der Regentschaft keinesfalls erwünscht sind. Daher sind „[die] Einschränkung der Meinungsfreiheit und [die] Manipulation des Fernsehens"[7] essentiell für die Herrschaft Putins. Es wird sogar von einer „Fernsehautokratie"[8] gesprochen.

### 2.3 Putins "Vertikale der Macht"

„Der Begriff "Vertikale der Macht" […] bezieht sich auf die strikte Kommandokette, die sich vom Kreml ausgehend über alle staatlichen Organe erstreckt."[9] Dabei steht der russische Staatschef an der Spitze dieser Vertikale, welche von den einflussreichen Mitakteuren Putins ( zum Beispiel Dmitri Medwedew ) bis hin zu seinen bürgerlichen Anhängern reicht. Ziel ist es, die Kontrolle sowohl über Exekutive, Legislative und Judikative zu erlangen, um ein Abweichen vom System und somit potenzielle Konkurrenz bzw. potenzielle Alternativen zu Putin zu verhindern. In der Erwartung, dass jeder sich in diese Vertikale einordnet, wird versucht die Gesellschaft und auch die staatlichen Institutionen so gut wie möglich zu kontrollieren. So soll die Exekutive in der „Machtvertikale"[10] stärker bis komplett an das Amt des Präsidenten gebunden werden. „Die neue demokratische Verfassung wurde schnell beiseite geschoben"[11]. Auch Margareta Mommsen und Angelika Nußberger, so wie viele Journalisten und Autoren sind der Ansicht, das Putin in seinem Regime an erster Stelle stehe. Dabei dürfen ihm weder eine Verfassung, noch das System boykottierende Personen aus dem niederen Bereich der Herrschaftsverhältnisse in die Quere kommen. Seine " Vertikale der Macht" repräsentiert also die Hierarchie, welche in Russland besteht.

---

[6] Vgl. Mommsen, Margareta; Nußberger, Angelika (2007): Das System Putin. Gelenkte Demokratie und politische Justiz in Russland. S. 53.
[7] Vgl. Mommsen, Margareta; Nußberger, Angelika (2007): Das System Putin. Gelenkte Demokratie und politische Justiz in Russland. S. 46.
[8] Vgl. Kornyeyeva, Lena (2009): Putins Reich. Neostalinismus auf Verlangen des Volkes. S. 65.

[9] Vgl. Mommsen, Margareta; Nußberger, Angelika (2007): Das System Putin. Gelenkte Demokratie und politische Justiz in Russland. S. 32.
[10] Vgl. Kornyeyeva, Lena (2009): Putins Reich. Neostalinismus auf Verlangen des Volkes. S. 10.
[11] Vgl. Mommsen, Margareta; Nußberger, Angelika (2007): Das System Putin. Gelenkte Demokratie und politische Justiz in Russland. S. 32.

Der Präsident an der Spitze, jeder andere muss sich unterordnen. Es wird keine Möglichkeit gelassen, Risse in das System zu reißen, eine Destabilisierung ist gänzlich unerwünscht. Autoritäre Züge werden schon hier deutlich. Putin als Einzelner, vielleicht sogar als Alleinherrscher. Der Versuch, alle politischen Kompetenzen auf sich zu vereinigen, allenfalls eine umfassende Kontrolle der in der "Vertikale" unter ihm stehenden. Drohungen gegen Oppositionelle und das Buhlen um die Gunst des Herrschers machen noch einmal deutlich, wer tatsächlich an der Spitze Russlands steht.

## 2.4 "Einiges Russland"

Die Kreml-Partei "Einiges Russland" kann neben den Medien als weiteres Machtinstrument angesehen werden. So sagte der derzeitige russische Präsident der im Herbst 2001 entstandenen Partei seine Unterstützung zu. Im Gegenzug garantierte auch die im russischen Parlament am stärksten vertretene Fraktion dem russischen Staatschef ihre Treue. So konnte das "Einige Russland" beispielsweise im Wahlkampf stark von der Popularität ihres beliebtesten Repräsentanten profitieren. Blickt man aber hinter die Kulissen, wird klar, dass die Kreml-Partei sich ohne weiteres in die lange Reihe von Machtinstrumenten einreihen kann, welche der russische Machthaber zur Festigung seines Machtbollwerkes nutzt. Dabei wird die Partei hauptsächlich gebraucht um eine Mehrheit im Parlament zu gewährleisten. So können Gesetzesbeschlüsse, sogar Änderungen der Verfassung ohne weitere Probleme oder Gegenwehr weitaus kleinerer Parteien durchgebracht werden. Putins Idee vom „Einparteienstaat"[12] kann so weitestgehend verwirklicht werden. Der russische Präsident versucht also, „das Spektrum jener politischer Parteien festzulegen,welche die Möglichkeit erhalten, in die Parlamente zu gelangen"[13]. Die Politik kann somit fast willkürlich bestimmt werden, natürlich mit Putin als Fädenzieher hinter den Kulissen. Auch stellt die in Russland dominante Partei eine exzellente Gegenbewegung zu Nichtregierungsorganisationen dar, die eine Gefährdung der aktuellen Regentschaft Russlands mit sich bringen könnte. So kann der russische Staatschef den Gefahren von der Straße präventiv entgegenwirken.

---

[12] Vgl. Mommsen, Margareta; Nußberger, Angelika (2007): Das System Putin. Gelenkte Demokratie und politische Justiz in Russland. S. 56.
[13] Vgl. Ludwig, Michael (2005): Putins demokratische Fassade. S.1.

Folglich müssen „Nichtregierungsorganisationen und Bürgerinitiativen immer häufiger um ihre Existenz fürchten"[14]. Es wird versucht, „eigene gesellschaftliche Bollwerke zu errichten, um potenzielle spontane Unruhen zu unterbinden"[15]. Ein Beispiel für diese eigenen gesellschaftlichen Bollwerke wäre die Jugendorganisation "Naschi" , welche aus jugendlichen Menschen besteht, welche zutiefst von ihrem Präsidenten Putin und seinem Weg zu regieren überzeugt sind. Gegründet wurde diese Organisation, um Protestmärschen oder ähnlichem schon im Ansatz entgegenzuwirken. Sie richtet sich hauptsächlich gegen die „Intelligenzija"[16], also gegen die Klasse, die Putin aufgrund ihrer intellektuellen Fähigkeiten am gefährlichsten werden könnte.

## 2.5 Justiz

Seit jeher wird die russische Justiz mit Korruption und unfairen Prozessen in Verbindung gebracht. Spricht man von der russischen Justiz, spricht man von einer "gelenkten Justiz". Gelenkt, weil von den Richtern bis zu den Staatsanwälten jeder der ein Urteil sprechen kann, von Oben beeinflusst wird. Die "Vertikale der Macht" ist also auch im russischen Rechtssystem präsent. Auch hier hat das Regime Putin viele Möglichkeiten, die Entscheidungen der Richter zu ihren Gunsten ausfallen zu lassen. Wird nämlich nicht das Urteil gesprochen, welches von der Spitze der Vertikale vorgegeben wurde, könnte dies Beeinträchtigungen in der Karriere und auch im privaten Leben zur Folge haben. Die Richter stehen also unter ständiger Bewachung, haben keinen Raum für die freie Interpretation des Gesetzes oder die Möglichkeit, zu einem eigenen Urteil über die Angeklagten zu kommen. So lässt sich die russische Justiz als „eine Justiz [...], die sich einsetzen lässt für fremde Ziele, die der Autokratie [...] zu dienen bereit ist"[17] umschreiben. Ein fairer Prozess zugunsten des vermeintlichen Straftäters wird somit so gut wie unmöglich. Für die Regierung ist es die perfekte Möglichkeit, Oppositionelle aus dem Verkehr zu ziehen. Ein hervorragendes Beispiel dafür ist der Prozess gegen Michail Chodorkowski. Abgesehen

---

[14] Vgl. Kornyeyeva, Lena (2009): Putins Reich. Neostalinismus auf Verlangen des Volkes. S. 9.
[15] Vgl. Mommsen, Margareta; Nußberger, Angelika (2007): Das System Putin. Gelenkte Demokratie und politische Justiz in Russland. S. 61.
[16] Vgl. Kornyeyeva, Lena (2009): Putins Reich. Neostalinismus auf Verlangen des Volkes. S. 116.
[17] Vgl. Mommsen, Margareta; Nußberger, Angelika (2007): Das System Putin. Gelenkte Demokratie und politische Justiz in Russland. S. 94.

von der wenig transparenten Verhandlungsführung – der Zugang zu einigen der Gerichtssäle war untersagt – gab es auch nur wenige Plätze für Besucher. So sollte der Zutritt einer zu hohen Anzahl von Bürgern verhindert werden, möglicherweise auch Proteste gegen die Art und Weise wie mit Chodorkowski verfahren wurde. Außerdem war nur eine geringe Zahl von Berichterstattern vor Ort. Allgemein kann man sagen, dass dies kein fairer Prozess war. Eine Vielzahl von Abweichungen von einem rechtstaatlichen Prozess waren dabei zu beobachten: Zweifelnde Aussagen an der Schuld Chodorkowskis wurden von den Richtern ohne weiteres zu Beweisen der Schuld gemacht. Die Verteidigung des Unternehmers wurde für unglaubwürdig erklärt und war damit nutzlos. Auch Putin hatte bei diversen Fernsehauftritten beteuert, dass er „die Verurteilung des Angeklagten"[18] wünscht. Der Fall Chodorkowski wird heute als Paradebeispiel für die russische Justiz gesehen. „Die Entwertung der Gerichte"[19], Korruption, das Benutzen des Rechtes als Mechanismus, politische Gegner auszuschalten. Letztlich wird hier klar, wie undemokratisch die "gelenkte Justiz" ist. Ein weiteres Synonym für das Rechtswesen Russlands ist die „Telefonjustiz"[20]. Die Vorsitzenden der Gerichte werden dabei von der Regierung oder auch vom Präsidenten persönlich angerufen. Sie dienen als Verbindungsstück zwischen Exekutive und den Gerichten. So wird dies als weitere Möglichkeit für den Präsidenten gesehen, das Rechtswesen zu kontrollieren und nach seinen Vorstellungen zu gestalten. Über die Vorsitzenden der Gerichte werden die strafrechtlichen Prozesse so von Putin geleitet und kontrolliert, dass Einzelfälle wie Chodorkowski im Interesse des russischen Staatschefs gezielt beeinflusst werden können. Putin selbst kann dabei einen Großteil der Gerichtsvorsitzenden ernennen, kann also von Anfang an vertraute und ihm treue Personen in die Ämter heben. Diese werden vom Präsidenten auf 6 Jahre ernannt. „Die Wiederwahl oder Nicht-Wiederwahl ist damit der entscheidende Hebel, um die Vorsitzenden der Gerichte gefügig zu machen"[21]. Auch die Personalpolitik ist hierbei nicht unerheblich. Denn auch hier zeigt sich wieder die Nähe der Richter zu Putin. Die Hälfte der Richter wird nämlich durch die Vorsitzenden der Gerichte und durch die

---

[18] Vgl. Voswinkel, Johannes (2010): Putins Angriff auf die Freiheit. S. 1.

[19] Vgl. Voswinkel, Johannes (2010): Putins Angriff auf die Freiheit. S. 3.

[20] Vgl. Mommsen, Margareta; Nußberger, Angelika (2007): Das System Putin. Gelenkte Demokratie und politische Justiz in Russland. S. 107.

[21] Vgl. Mommsen, Margareta; Nußberger, Angelika (2007): Das System Putin. Gelenkte Demokratie und politische Justiz in Russland. S. 107 f. .

Präsidialadministration mehr oder weniger ungesetzlich bestimmt. Diese müssen dann auch noch zeigen, ob sie bereit sind als Putins Handlanger zu fungieren. Ein weiteres Drittel der Richter wird aus der Miliz,der Prokuratur und dem FSB (russischer Geheimdienst) rekrutiert. Auch wurde schon des Öfteren ein Austausch der Geschworenenbänke beobachtet. Des Weiteren spricht Putin von der „Diktatur des Gesetzes"[22], was heißt, das auf jeden russischen Staatsbürger mit legalen Strafen zurückgegriffen werden kann. So entsteht eine extreme Rechtsunsicherheit. Hier ist auch die Prokuratur zu nennen, welche aus rund 50000 Staatsanwälten besteht. Sie ist in der Vermögens- oder Staatsverwaltung und in der Rechtspflege tätig. Nach Margareta Mommsen und Angelika Nußberger wirkt die Prokuratur vor allem hinter den Kulissen systemerhaltend. Denn sie hat die Möglichkeit, Fälle, welche bereits abgehandelt sind wieder aufzunehmen. Die Prokuratur wird darüber hinaus hauptsächlich in privaten Rechtsstreitigkeiten tätig. Sie agiert also, wenn russische Bürger gegen den Staat klagen. Die Verantwortlichkeit für die geringe Anzahl von Urteilen, bei denen einen Zivilist gegen den Staat gewinnt, liegt bei ihr. So besitzt der russische Bürger wenige Möglichkeiten, sich gegen Menschenrechtsverletzungen, Verletzungen der Meinungsfreiheit und gegen die Verletzung anderer in einem Rechtsstaat vorhandenen Grundrechte zu wehren. Dies lässt wiederum darauf schließen, dass es in der Russischen Föderation kein Mittel gibt, sich gegen die Obrigkeit zu wehren, geschweige denn sich durchzusetzen. Für die Menschen heißt es Einordnen, oder Sanktionen. „Eine starke Staatsmacht ist [nämlich] nur in der Gesellschaft mit einem entmachteten Volk möglich."[23] Und diese will Putin um jeden Preis wahren. Somit wird klar, dass auch die Justiz Russlands dem autokratischen Prinzip Putins folgt. Die Unabhängigkeit in Putins Art und Weise der Regierung seines Landes, seine willkürlichen Handlungen und die massive Einschränkung beziehungsweise der Zwang zur Einordnung ins "System Putin" kommen auch hier wieder deutlich zum Tragen. Auch werden „Gesetzlosigkeit, Rechtslosigkeit, Unterdrückung [und] Willkür"[24] in seinem Regime auffällig. Von einem Rechtsstaat im juristischen Sinne kann also keine Rede sein.

-7-

---

[22] Vgl. Mommsen, Margareta; Nußberger, Angelika (2007): Das System Putin. Gelenkte Demokratie und politische Justiz in Russland. S. 16.
[23] Vgl. Kornyeyeva, Lena (2009): Putins Reich. Neostalinismus auf Verlangen des Volkes. S. 123.
[24] Vgl. Kornyeyeva, Lena (2009): Putins Reich. Neostalinismus auf Verlangen des Volkes. S.31.

## 2.6 Gleichschaltung demokratischer Institutionen

Auch das russische Verfassungsgericht, welches zu Beginn der neunziger Jahre begründet wurde, büßte seine Stellung mit dem Amtsantritt Putins ein. Vorher verfassungsrechtlich durchaus aktiv und zu Erfolgen fähig, wird es heutzutage als „etwas Unerhörtes in einem Reich, das nach seinem Selbstverständnis auf Autokratie […] beruht"[25] angesehen. Für Putin stellte ein intaktes Verfassungsgericht natürlich eine immense Gefahr dar. Die genommene Möglichkeit, das Recht und somit Gesetze nach Belieben zu verändern und zu erlassen, wäre für ihn eine erhebliche Einschränkung in der Gestaltung seines Systems, welches auf die komplette Konzentration der politischen und damit auch rechtlichen Macht auf ihn selbst abzielt. Folglich bemühte er sich um die baldige Gleichschaltung des Verfassungsgerichtes. „Wie der Rechtsstaat, so wird auch das Verfassungsgericht zur Nebensache"[26]. Ein eindeutiges Faktum. So ging auch hier ein wichtiges Element des Rechtsstaates, nämlich die Aufgabe einer vom Staat unabhängigen Instanz, den Bürger vor unrechtmäßigen Eingriffen des Staates zu schützen, verloren, was wiederum eine willkürliche Rechtspraxis von Seiten Putins und seinem Regime bedeutet. „Die Verfassungswirklichkeit [ist somit] totalitär"[27]. Auch das ist nicht zu bestreiten. Ebenso wurden andere rechtsstaatliche Institutionen geschwächt, wenn nicht sogar gleichgeschaltet. In diesem Kontext muss die Entmachtung des Föderationsrates und die damit verbundene Entmachtung eines der wichtigsten Vetoakteure genannt werden. Putin hat die Möglichkeit über die Gouverneure die personelle Gestaltung des Föderationsrates zu bestimmen. Da die im Föderationsrat vertretenen Personen so ohnehin Handlanger des russischen Präsidenten sind, konnte die Macht schnell eingedämmt werden. Da der Rat die einzelnen Glied-staaten der Föderation vertritt, wird hier das Motiv Putins klar. Die Gliedstaaten sollen von den politischen Kompetenzen des Landes abgegrenzt werden, um deren Mitbestimmung und damit auch mögliche Kritik oder Änderungen einzuschränken. Durch die Besetzung der Ämter, durch von Putin ausgewählte Personen, soll solch ein

---

[25] Vgl. Mommsen, Margareta; Nußberger, Angelika (2007): Das System Putin. Gelenkte Demokratie und politische Justiz in Russland. S. 117.

[26] Vgl. Mommsen, Margareta; Nußberger, Angelika (2007): Das System Putin. Gelenkte Demokratie und politische Justiz in Russland. S. 122 f. .

[27] Vgl. Ludwig, Michael (2005): Putins demokratische Fassade. S. 1.

Einschreiten einer politischen Institution mit der Macht, den Präsidenten zu blockieren, präventiv verhindert werden. So reiht sich der Föderationsrat in Putins "Vertikale der Macht" ein und fördert sogar noch seine exekutive Macht. Auch die Staatsduma, das russische Parlament, wurde durch eine von Putin und seiner Administration „im großen Stil organisierte Abwanderung vieler Abgeordneter in das Lager der Kremlpartei"[28] erheblich geschwächt. 2003 belegte das "Einige Russland" 304 von 450 Dumasitzen, aktuell sind es zwar nur noch 238 Sitze, doch dominiert die Kreml-Partei immer noch das Parlament. Andere Parteien können ihr nicht gefährlich werden. So wird eine Kontrollfunktion einer Opposition und folglich auch des gesamten russischen Parlaments gar nicht mehr möglich. Wie der liberale Politiker Boris Nemzow sagte: „ Ein Einparteiensystem, Zensur, ein Taschenparlament, eine zahme Justiz, strikte Zentralisierung von Macht und Finanzen […]"[29].


## 2.7 Wahlmanipulation und die Verfassung


Am 4. März 2012 waren Präsidentschaftswahlen in Russland. Klar ist, das die Wahl, wenn auch nicht so offensichtlich wie bei den Parlamentswahlen 2011, manipuliert war. Viele Wahlbeobachter stellten eindeutig Mängel an der Rechtmäßigkeit der Wahl fest. Zum Einen waren die Wahlurnen bereits mit Zetteln gefüllt, zum Anderen teilweise defekt. Die Liveübertragungen aus bestimmten Wahllokalen wurden ohne Begründung immer wieder abgebrochen. Dabei waren Kandidaten, die Putin im Votum gefährlich werden konnten, gar nicht erst zur Wahl zugelassen. So zum Beispiel Grigori Jawlinski von der "Jabloko"-Partei. Letztlich wird auch vermutet, dass „Putin seine Anhänger unter der Androhung von Sanktionen"[30] zum Wählen gebracht hatte, zumindest einen Teil von ihnen. Fakt ist, Putin ist in seiner dritten Amtszeit als Präsident der russischen Föderation. Das laut Verfassung aber lediglich 2 Amtszeiten zugelassen sind, scheint ihn nicht zu stören. Auch die „Vetternwirtschaft"[31], welche Putin mit ihm nahen Personen betreibt, ist rechtsstaatlich problematisch.

---

[28] Vgl. Mommsen, Margareta; Nußberger, Angelika (2007): Das System Putin. Gelenkte Demokratie und politische Justiz in Russland. S. 39.

[29] Vgl. Mommsen, Margareta; Nußberger, Angelika (2007): Das System Putin. Gelenkte Demokratie und politische Justiz in Russland. S. 41.

[30] Vgl. Hufnagel, Daria (2012): Ist Putin der Richtige für Russland? .

[31] Vgl. Kornyeyeva, Lena (2009): Putins Reich. Neostalinismus auf Verlangen des Volkes. S. 10.

So werden immer wieder Personen aus der Miliz oder dem russischen Geheimdienst, welche dem Staatschef nahe stehen, in gewichtige Ämter gehoben. Spätestens hier wird deutlich, dass Putin die Verfassung und somit den Rechtsstaat, welcher auf einer Verfassung aufgebaut ist, mit Füßen tritt. Um es in Lena Kornyeyevas Worten zu sagen: „Es ist und bleibt [wenn überhaupt] eine Scheindemokratie"[32], welche beim näheren hinschauen ohne weiteres als Autokratie entlarvt werden kann.

## 2.8 Hoffnung auf Demokratie und Rechtsstaat

Auch der russische Präsident muss sich verpflichten, das Recht und Gesetze einzuhalten. Zwar weichen die russischen Machthaber seit jeher von dieser im Gesetz festgeschriebenen Regelung ab, doch hat auch Putin dies anerkennen müssen. Auch Putins Aussage, „ ohne Demokratie hat Russland keine Zukunft"[33] hört sich zwar bedeutungsschwer an, doch ist dies in Anbetracht anderer Äußerungen auch nur ein bedeutungsloses Lippenbekenntnis. So verlieh Putin seiner autokratischen Ausrichtung 2003 in einem Gespräch mit amerikanischen Journalisten Nachdruck: Für ihn sei Demokratie und somit ein Rechtsstaat „nur in einem Land möglich, dessen territoriale Integrität gesichert ist. Russland könne sich keine Demokratie leisten, die zu Chaos oder gar zur Auflösung des Staates führe"[34]. Auch die durch seine Leitung eingesetzte "Gesellschaftskammer" dürfte ihn nicht zu einem Fanatiker des Rechtsstaat machen. Denn wie vieles im Regime Putin ist auch diese gesellschaftsbindende Einrichtung mehr Schein als Sein. Den Vertretern der Gesellschaft und somit der Kammer sind keine politischen Kompetenzen zugedacht. Doch die Fünf-Jahres-Pläne zur Entwicklung der Justiz und die Antikorruptionsmaßnahmen im Zeitraum 2001-2011 machen Hoffnung auf eine Umorientierung Putins hin zu wenigstens etwas Rechtsstaat. Dabei sollen die Richter zu einer Berichterstattung über ihren Prozess verpflichtet werden. Sie müssen Protokoll über vorangehende Telefonate oder Treffen führen. So sollen Korruption und

---

[32] Vgl. Kornyeyeva, Lena (2009): Putins Reich. Neostalinismus auf Verlangen des Volkes. S. 9.
[33] Vgl. Ludwig, Michael (2005): Putins demokratische Fassade. S. 1.
[34] Vgl. Mommsen, Margareta; Nußberger, Angelika (2007): Das System Putin. Gelenkte Demokratie und politische Justiz in Russland. S. 26.

Absprachen vor den Prozessen und somit ein Eingreifen des Staates in Rechtsstreitigkeiten verhindert werden. Doch bleiben auch hier viele Lücken offen, die Putin und seine Anhängerschaft nutzen können, um die Justiz zu beeinflussen. Auch die Kooperation mit der Europäischen Union legt rechtsstaatliche Tendenzen offen. So verpflichtete sich Russland 1997 zur „Einhaltung der vom Europarat festgelegten rechtsstaatlichen und demokratischen Normen"[35]. Des Weiteren erreicht der Europäische Gerichtshof für Menschenrechte durch die Ausübungen von rechtlichem Druck auf Russland mehr und mehr eine Akzeptanz der russischen Obrigkeit gegenüber der Rechte ihrer Bürger. Auch die "Europäische Menschenrechtskonvention" verübt einen nicht unerheblichen Einfluss auf die russische Politik und deren Gerichtswesen. So verzeichnet sich „in der Rechtsprechung […] eine deutliche Entwicklung"[36]. Die "Europäische Menschenrechtskonvention" wird inzwischen sogar als Maßstab angesehen, auch wenn die Rechtspraxis in Russland fraglich bleibt. Auch von den massiven Abweichungen von der Verfassung abgesehen, ist „die russische Verfassung so völkerrechts- und menschenrechtsfreundlich […] wie kaum eine andere Verfassung in Europa; völkerrechtlichen Verträgen wird der Vorrang sogar vor nationalen Gesetzen eingeräumt"[37]. Doch auch hier gibt es wieder zwei Seiten. Auf der einen Seite Kooperation, grenzen sich Putin und sein Russland immer wieder bewusst von Europa ab. Denn kritische Russlandexperten und Abgeordnete der Europäischen Union kritisieren immer wieder Russlands Innenpolitik. Im Fokus sind da die Wahl-manipulationen, die schweren Menschenrechtsverletzungen in Tschetschenien, die nicht, wie gewünscht, erfolgte Abschaffung der Todesstrafe oder die massive Gewalt gegen Bürgerproteste. Dabei plädiert Russland auf die Abweichungen der eigenen Kultur von der europäischen Kultur. „Belehrungen des Auslands in Sachen Demokratie verbitte man sich"[38]. „Mit Hilfe von [neuen] Feindbildern"[39], vor allem der Europäischen Union und den USA als Neider, wird so noch einmal eine Identifikation

---

[35] Vgl. Mommsen, Margareta; Nußberger, Angelika (2007): Das System Putin. Gelenkte Demokratie und politische Justiz in Russland. S. 162.

[36] Vgl. Mommsen, Margareta; Nußberger, Angelika (2007): Das System Putin. Gelenkte Demokratie und politische Justiz in Russland. S. 176.

[37] Vgl. Mommsen, Margareta; Nußberger, Angelika (2007): Das System Putin. Gelenkte Demokratie und politische Justiz in Russland. S. 176 f. .

[38] Vgl. Ludwig, Michael (2005): Putins demokratische Fassade. Frankfurt am Main: Frankfurter Allgemeine Zeitung GmbH. S. 1.

[39] Vgl. Kornyeyeva, Lena (2009): Putins Reich. Neostalinismus auf Verlangen des Volkes. S. 20.

des Volkes mit ihrem Präsidenten geschaffen. Letztlich werden so auch weiterhin die Werte und Normen der europäischen Zivilisation, in der Rechtsstaatlichkeit groß geschrieben wird, abgelehnt. Doch noch ist die Hoffnung nicht aufgegeben. Laut dem Politologen Martin Dimitrov plant der Kreml „einen unabhängigen Fernsehsender zuzulassen"[40]. Für ihn muss Putin nun aufgrund der wachsenden Proteste gegen seinen Regierungsstil etwas tun. Dies versucht die „Führung nun mit kleinen Zugeständnissen"[41] zu lösen. Das bedeutet vielleicht schon bald eine wenigstens leichte politische Umorientierung Putins in Richtung Rechtsstaat, wenn auch unfreiwillig.

## 3. Schluss

Resümierend lässt sich sagen, dass Putin ein Autokrat ist. Als Selbstherrscher hat er, mehr oder weniger hinter den Kulissen, die komplette Staatsgewalt auf sich zentralisiert. Er steht an der Spitze seiner selbst kreierten "Vertikale der Macht". Meinungs- und Pressefreiheit und somit Kritik an seinem Führungsstil sind in seinem System nicht enthalten. Die Medien werden gezielt manipuliert, um Putins Anhänger-schaft zu beeinflussen. Von einem Rechtsstaat kann im System Putin keine Rede sein. Die Rechte der Bürger sind massiv eingeschränkt, der Schutz des Bürgers vor dem Staat durch eine unabhängige Instanz nicht gewährleistet. Putin gestaltet seine Politik ohne rechtliche Grundlage. Mit Hilfe der Partei „Einiges Russland" erschuf Putin einen Einparteienstaat, welcher keinen Parteipluralismus und keine Opposition duldet. Durch seine Gleichschaltung der rechtsstaatlichen Einrichtungen wird seine Abneigung gegen einen Rechtsstaat klar deutlich. Wenn Putin einmal zum Träger des Rechtsstaates werden sollte, dann nicht aus eigenem Willen. Es gibt schon einige wenige Lichtblicke für die russischen Bürger, verbunden mit der Hoffnung auf einen Rechtsstaat. Falls Putin wirklich Demokrat werden sollte, dann nur durch den Druck des Volkes, d.h. durch das drohende Ende seines Regimes.

---

[40] Vgl. Seibel, Andrea; Mülherr,Silke (2012): Putin verdrängt alle, die gefährlich werden könnten. S. 2.
[41] Vgl. Seibel, Andrea; Mülherr,Silke (2012): Putin verdrängt alle, die gefährlich werden könnten. S. 5.

## 4.1 Abbildungsverzeichnis

http://polpix.sueddeutsche.com/polopoly_fs/1.348438.1273512094!/image/image.jpg_g
en/derivatives/900x600/image.jpg

## 4.2 Literaturverzeichnis

-Mommsen, Margareta; Nußberger, Angelika (2007): Das System Putin. Gelenkte
Demokratie und politische Justiz in Russland. München: Verlag C. H. Beck.


-Kornyeyeva, Lena (2009): Putins Reich. Neostalinismus auf Verlangen des Volkes.
Bremen: aschenbeck media UG.


-Hufnagel, Daria (2012): Ist Putin der Richtige für Russland? Berlin: taz. Online
verfügbar unter:

http://www.taz.de/!88621/


-Voswinkel, Johannes (2010): Putins Angriff auf die Freiheit. Hamburg: Zeitverlag Gerd
Bucerius GmbH & Co. KG. Online verfügbar unter:

http://www.zeit.de/politik/ausland/2010-12/chodorkowskij-urteil-putin/komplettansicht


-Seibel, Andrea; Mülherr,Silke (2012): Putin verdrängt alle, die gefährlich werden
könnten. Berlin: Axel Springer AG. Online verfügbar unter:

http://de.wikipedia.org/wiki/Die_Welt


-Ludwig, Michael (2005): Putins demokratische Fassade. Frankfurt am Main:
Frankfurter Allgemeine Zeitung GmbH. Online verfügbar unter:

http://de.wikipedia.org/wiki/Frankfurter_Allgemeine_Zeitung